L'ART DU BRONZ[E]

A L'ÉPOQUE GAULOISE

Par M. Ch. COYON

ARCHÉOLOGUE A BEINE

OFFICIER D'ACADÉMIE

MEMBRE TITULAIRE NON RÉSIDANT DE LA SOCIÉTÉ ACADÉMIQUE DE LA MARNE

ET MEMBRE CORRESPONDANT DE L'ACADÉMIE NATIONALE DE REIMS

ÉTUDE SUR LES FOUILLES

QU'IL A FAITES

DANS LE DÉPARTEMENT DE LA MARNE

CHALONS-SUR-MARNE

MARTIN FRÈRES, IMPRIMEURS-ÉDITEURS

PLACE DE LA RÉPUBLIQUE, 50

1902

L'ART DU BRONZE DANS LA MARNE

A L'ÉPOQUE GAULOISE

L'ART DU BRONZE

A L'ÉPOQUE GAULOISE

Par M. Ch. COYON

ARCHÉOLOGUE A BEINE

OFFICIER D'ACADÉMIE

MEMBRE TITULAIRE NON RÉSIDANT DE LA SOCIÉTÉ ACADÉMIQUE DE LA MARNE

ET MEMBRE CORRESPONDANT DE L'ACADÉMIE NATIONALE DE REIMS

ÉTUDE SUR LES FOUILLES

QU'IL A FAITES

DANS LE DÉPARTEMENT DE LA MARNE

CHALONS-SUR-MARNE

MARTIN FRÈRES, IMPRIMEURS-ÉDITEURS

PLACE DE LA RÉPUBLIQUE, 50

1902

ÉTUDE

SUR

L'ART DU BRONZE DANS LA MARNE

A L'ÉPOQUE GAULOISE

PAR M. COYON, ARCHÉOLOGUE

A BEINE

> Il faut que chacun cherche,
> en ne prenant conseil que de soi-même.
>
> (Alexandre BERTRAND.)

Par l'apport de ce travail, je n'ai ni le désir de mettre en relief mes découvertes archéologiques, ni d'attirer l'attention sur la modeste collection que j'ai su recueillir, mon but se borne à vous faire part de mon appréciation sur la facture des diverses pièces qui constituent les parures gauloises de notre région marnienne.

Je suis un peu autorisé à vous présenter le résultat de mes observations, car ayant été appelé à travailler les métaux, plusieurs de mes collègues en archéologie m'ont souvent demandé quels étaient les procédés employés pour produire nos torques ou colliers gaulois, et comment on pouvait les placer au cou d'un adulte.

Je vais donc, dans la mesure de mes faibles moyens, vous donner mon opinion sur ces questions, m'inspirant uniquement en l'occurrence de cette maxime de M. Alexandre Bertrand : « Il faut que chacun cherche, en ne prenant conseil que de soi-même ».

Chacun sait que les bronzes, à l'époque gauloise, sont uniquement composés de cuivre combiné avec l'étain ; les échantillons qu'on a analysés démontrent qu'ils contenaient environ 90 0/0 de cuivre et 10 0/0 d'étain.

Les alliages de cuivre et d'étain sont durs et cassants, lorsqu'on laisse refroidir lentement le métal après la fusion ; mais chose singulière, la trempe qui donne à l'acier une dureté si grande, rend au contraire le bronze malléable.

L'effet produit par la trempe est donc différent suivant qu'il s'agit de l'acier ou du bronze ; c'est-à-dire que chauffé au rouge cerise et plongé dans l'eau froide, le bronze devient malléable.

Avant d'entrer dans les détails de fabrication du collier creux, qui est composé d'une feuille de bronze, une question se pose naturellement : Comment a-t-on produit cette feuille de bronze ? Probablement par la coulée en feuille, qui était ensuite martelée ; car nous ne supposons pas que les artisans de cette époque lointaine possédaient des laminoirs, et sans vouloir nous occuper du fer, nous nous sommes souvent demandé comment on pouvait produire la feuille de tôle avec laquelle ils fabriquaient les larges fourreaux de leurs épées.

Nous conservons avec soin dans notre collection une épée en fer que nous avons sortie d'une sépulture gauloise à incinération ; une partie du fourreau de cette épée a été préservée de l'oxyde par les cendres, ce qui nous a permis de constater que le travail est aussi parfait que celui des tôles que produisent actuellement nos grandes usines.

Nous sommes forcés d'admirer ces pionniers de l'antiquité : ce qu'il leur a fallu d'imagination et d'adresse pour arriver à produire une surface de métal aussi régulière avec des moyens aussi restreints que ceux dont ils disposaient.

On croirait que ces gens-là se sont fait enterrer avec leurs parures et leurs armes pour qu'elles servent, pour ainsi dire, de témoignages matériels, et qu'elles montrent aux générations à venir, leur intelligence, leur savoir, et leur habileté à travailler les métaux.

Aussi regrettons-nous qu'un grand nombre de nos savants collègues et maîtres semblent rester presque indifférents devant ces beaux spécimens de la métallurgie gauloise.

Mais ne nous attardons pas aux conjectures et arrivons au collier creux.

COLLIER CREUX.

Ce collier très élégant dans sa simplicité, très pratique à cause de sa forme unie et de sa légèreté, est relativement facile à produire

Une feuille de métal est découpée de longueur et de largeur voulues : après avoir subi la trempe indiquée plus haut, elle est roulée en largeur au marteau sur une tige de fer ou de bronze appelée âme ou noyau, à laquelle on a donné auparavant la forme circulaire.

Une fois roulé on le polissait ; souvent il était légèrement gravé en creux, puis la tige était sortie, le martelage ayant resserré les pores du métal, il était trempé ou plutôt recuit à nouveau.

Il est à remarquer que ce collier est toujours parfaitement rond, précaution indispensable pour pouvoir sortir la tige en le tordant légèrement.

COLLIER TORS.

Ces objets de parure sont de proportions et de torsions différentes, ils sont le plus souvent à fermoir, ce fermoir se compose d'un simple crochet à une extrémité, qui s'agrafe à un anneau réservé à l'extrémité de l'autre.

La tige de métal qui les compose est modelée et coulée en barre, puis martelée, peut-être étirée, elle est produite soit carrée ou demi-plate et suivant les dimensions voulues ; c'est-à-dire que la tige devait être plus longue que la circonférence nécessaire, attendu que la torsion diminue la longueur, et que la largeur et son épaisseur variaient de dimension suivant l'effet de torsion que l'on voulait obtenir.

Cette tige ayant subi la trempe, il restait à la tordre.

Pour obtenir cette torsion, il était indispensable de recuire la pièce fréquemment, chaque fois que la résistance se faisait sentir ; car il ne faut pas oublier que la torsion resserre le métal, le bronze contenant les proportions d'alliage indiquées permettait cette courte torsion.

COLLIER DIT A TAMPONS.

Les œuvres d'art dans lesquelles nous rangeons ces parures, ont été coulées soit en coquilles, soit à creux perdu ou cire perdue ; les deux procédés ont été employés autrefois comme aujourd'hui.

Nous n'entrerons pas dans les détails de la fonte, attendu que ce genre de travail est connu.

Dans ces parures nous distinguons deux genres différents de fabrication. Le premier est le collier modelé et coulé d'une seule pièce : modelé et coulé en barre, c'est-à-dire droit, il est produit par une tige de métal appelée jonc, dont les deux extrémités appelées tampons sont en forme de pyramides tronquées ; il est par le fait coulé d'un seul jet.

Le second est en trois parties, modelées, moulées et coulées séparément. Il est également produit par une tige de métal appelée jonc, modelée et coulée en barre, dont les tampons en forme de boutons aplatis sont ajustés par assemblage aux extrémités de ce jonc ; c'est-à-dire que les

tampons sont perforés dans leur centre, puis assemblés sur
deux goujons préparés aux extrémités de ce jonc qui sont
ensuite rivées (Fig. 1.)

Fig. 1. — Collier à boutons aplatis en trois pièces.
Provenance : Beine (Marne), lieudit le Montepreux.

Une fois constitué, on polissait les parties lisses, l'ornementation était retouchée au burin, puis le jonc subissait
la trempe, il ne restait plus qu'à le contourner pour le tour
du cou.

Nous arrivons à la pose du collier rigide, soit creux,
torse, à tampons, au cou du sujet.

Les deux extrémités sont ouvertes, non pas en les écartant, mais en les tordant de droite à gauche; une fois placé au cou, les deux extrémités sont rapprochées en sens inverse (Fig. 2.)

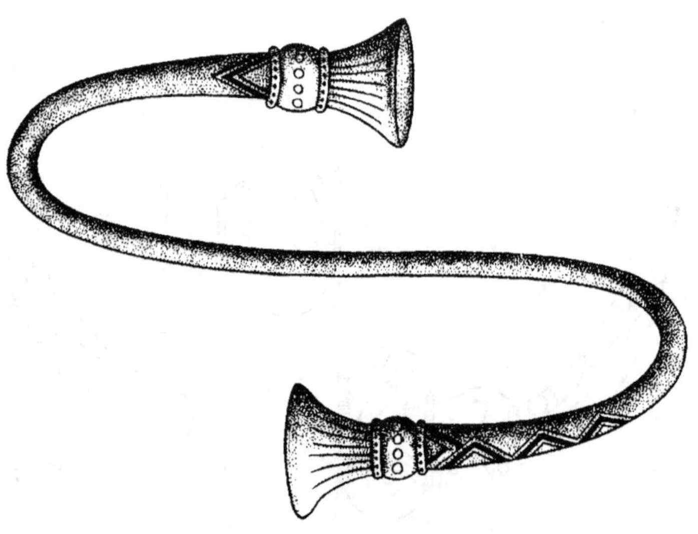

Fig. 2. — Collier ouvert pour le placer au cou du sujet.

C'est le moyen le plus pratique que les ouvriers en métaux soit en fer ou en bronze emploient pour disjoindre ou rejoindre les anneaux ouverts, sans les déformer ni les casser.

COLLIER A SORTIE.

Ce genre est peu commun ; il se distingue par la facilité avec laquelle le sujet pouvait le sortir sans effort.

Le jonc qui le compose, généralement assez fort de diamètre, est modelé et coulé en deux parties de longueurs inégales.

Une fois sorti du moule, il est trempé, puis la partie la plus longue, à laquelle un trou est réservé à chaque extrémité, est contournée en laissant un espace vide de 0.075^{mm} environ pour le passage du cou ; un goujon est réservé à chaque extrémité de la plus petite qui a été aussi contournée dans les mêmes proportions.

Une fois la plus longue passée au cou, on l'écartait légèrement pour permettre l'introduction des deux goujons de la plus petite ; l'élasticité du métal suffisait à lui donner le serrage indispensable pour maintenir cette dernière en place.

Il arrive parfois dans ces parures que deux tampons sont figurés sur la partie la plus longue : le poids de ces renflements les ramenait en avant ce qui donnait la sortie sur le côté.

Si nous avons insisté sur ces détails qui ont une importance relative, c'est à cause du peu d'ouverture laissée pour le passage de l'encolure ; nous avons dit 0.075^{mm} mesure prise sur le collier de notre double sépulture sur un char. Beine (Marne), lieudit le Montéqueux, 1896.

COLLIER A ROSACES.

Le collier que nous allons décrire est également à sortie.

Nous l'avons trouvé dans un de nos cimetières gaulois de Beine, lieudit l'Arbre-Prévot ou les Bouvets. C'est un des plus beaux spécimens de joaillerie gauloise trouvé dans la Marne, nous ne saurions passer sans en donner quelques détails.

Un collier à peu près semblable a aussi été trouvé dans la Marne, mais incomplet ; il est, je crois, passé à l'étranger ; le nôtre est complet, nous l'avons cédé au Musée de Saint-Germain-en-Laye.

Il est constitué de deux parties, dont la plus grande forme environ les deux tiers de sa circonférence, et contrairement aux précédents, les deux modèles qui ont servi à le produire ont été contournés avant la fonte.

Ce procédé était indispensable, attendu que la partie qui se plaçait à l'arrière du cou est une tige demi-ronde, et les motifs d'ornementation que nous allons décrire plus loin forment presque la totalité de la partie d'avant ; ces largeurs différentes n'auraient pas permis de le contourner sans le déformer ou le casser.

Il est comme le précédent, assemblé par deux goujons, avec cette différence que les extrémités sont perforées pour y passer un rivet dissimulé sur sa face principale et, de chaque côté par une larme de métal.

Nous nous sommes abstenu jusqu'à présent de parler de l'ornementation si variée de ces belles parures ; pour ce dernier, nous ne pouvons éviter d'en donner quelques détails aussi sommairement que possible :

La partie la plus intéressante est celle qui se plaçait en avant, elle est ornementée de trois rondelles ou capsules de 0.025^m de diamètre, également séparées par un renflement ; sur chacune de ces rondelles de métal qui font corps avec la tige, une autre rondelle en cuir, sur cette dernière une rosace en grenat rouge dit grenat oriental, dont la surface est de couleur jaune pâle dite éteinte ; ces trois parties forment l'ensemble de chaque rosace, chacune de ces rosaces est perforée à son centre, et elles sont réunies par un rivet qui semble figurer le pistil et les étamines (Fig. 3.)

Fig. 3. — *Provenance : Beine (Marne).*

Une particularité de cette parure qui se rencontre assez rarement dans nos colliers gaulois est à noter. Nous avons dit ornementé de trois rosaces, on n'ignore pas que, d'après le système de Pythagore, le nombre trois représentait le symbole de l'harmonie parfaite.

*
* *

Quelques collègues m'ont aussi allégué que le collier est coulé et non ciselé, que le modelage et le coulage ont été très bien faits.

Pour la ciselure, nous répondrons que nous possédons dans notre collection un collier d'un beau travail, d'un relief accentué que l'oxyde a respecté ; à certains endroits dans les creux, on peut y distinguer parfaitement les coups de burin de l'artisan.

Le modelage et le moulage ont été relativement bien faits pour le collier constitué en trois pièces, ce qui en facilitait le travail ; mais pour le collier coulé d'un seul jet, c'est différent : on constate facilement des endroits irréguliers, certaines parties sont écrasées, d'autres sont tordues ou ovalisées

Cette remarque nous a laissé supposer que le modèle de ce dernier était peut-être en cire moulé ou coulé à creux perdu ou cire perdue (avec cette méthode on se prive de la faculté de corriger le creux) : si le modèle eut été en bois ou toute autre substance dure, ces imperfections ne se seraient pas produites au moulage (1).

*
* *

Le bronze de nos colliers gaulois contenant les proportions d'alliage déjà citées, est rendu suffisamment malléable pour permettre de le tordre grâce aux procédés indiqués plus haut.

Nous possédons dans notre collection un collier à tam-

(1) La cire de Smyrne, en Asie Mineure, est, paraît-il, la plus estimée pour ce genre de travail ; l'industrie du bronze semble avoir pris naissance dans ces contrées.

pons dont la partie appelée jonc, est carrée, cette partie tordue irrégulièrement après la fonte, ne laisse aucun doute à un œil exercé sur la torsion que l'on pouvait faire subir au métal.

L'histoire rapporte que le romain nommé Titus Manlius dans un combat singulier, après avoir tué un gaulois, lui arrache son torque et le passe tout sanglant encore autour de son cou.

Il y a deux ans à peine, ayant entendu dire qu'un ouvrier travaillant la terre avait trouvé une sépulture, nous nous y sommes rendu aussitôt que possible et nous avons constaté qu'il avait mis à jour une sépulture gauloise dont le sujet portait un collier.

L'ouvrier ne tenait aucun compte de cet objet ; il le prend par les extrémités, le casse en deux morceaux et le jette dans la terre voisine, nous l'avons recueilli et nous avons constaté que la cassure n'était pas nette, le métal était arraché (1).

Je lui faisais des reproches d'avoir cassé une si belle pièce ; il était encore solide, me dit-il, en effet il lui avait fallu plusieurs tours de main pour le séparer.

Nous ne disons pas qu'on pouvait le sortir journellement ; du reste il est bien établi que ces parures, quoique lourdes et même gênantes étaient en usage pendant la vie et conservées au cou jusque dans la tombe.

Il arrivait parfois que des cassures se produisaient, soit à la pose, soit dans le courant de la vie du défunt. Il y a 35 ans (c'était notre début) le premier collier en bronze que nous avons sorti était réparé, le jonc avait été cassé au tiers de sa circonférence, les deux parties ont été réunies bout à bout dans un petit manchon de même métal.

On m'a dit aussi : Mais le bronze de nos colliers gaulois

(1) La couleur et l'aspect de la cassure sont les meilleurs indices pour distinguer les diverses qualités des métaux.

est tellement sec qu'il n'était pas possible de les ouvrir suffisamment sans les casser.

Il est certain que le bronze qui a passé 2000 ans et plus sous terre s'est aigri, et est devenu cassant ; si l'oxyde a conservé sa surface, il a pénétré dans les pores du métal qu'il a détérioré, et il a amoindri sa résistance et sa ténacité.

*
* *

Les objets qui nous restent à examiner viendront, je pense, étayer ce que nous avons dit sur la malléabilité du métal et la torsion que l'on pouvait lui faire subir, tout en donnant une explication restreinte de ces antiquités et en conservant les limites modestes que nous nous sommes tracées.

BRACELETS DITS ARMILLES.

Nous sortons le plus souvent ces faibles armilles des sépultures de la même époque que nos colliers creux ; ils sont de l'époque que l'on est convenu d'appeler Halstatienne.

Le sujet en portait généralement un certain nombre : nous en avons trouvé un entre autres qui en portait 54 soit 27 à chaque bras ; et malgré leur faible dimension, à peine 0. 001ᵐ d'épaisseur sur 0. 002ᵐ de largeur, la plus forte partie était intacte.

Le petit ruban de métal qui les compose étant fermé, il nous a fallu en sacrifier quelques-uns pour nous assurer s'il n'existait pas de traces de soudure ; nous n'avons rien remarqué et nous écartons cette supposition, attendu que nous ne croyons pas que ce procédé était connu à cette époque.

Nous avons pensé que ces petits anneaux plats et fermés, ont été découpés dans une feuille de métal, soit rond ou peut-être ovale pour occuper moins de surface, puis arrondis et aplatis au marteau.

Le martelage laisse des traces très apparentes sur le plat
intérieur et sur les champs ; il est à remarquer qu'ils sont
évasés ; nous pourrions les comparer aux cercles en fer des
tonneaux : cette forme était indispensable pour permettre
le passage de la panne du marteau, et pour frapper régu-
lièrement sur sa largeur.

BRACELETS.

Le bracelet en bronze est suivant nous l'objet le moins
intéressant des parures gauloises.

Ces objets assez nombreux varient à l'infini d'ornementation et de grosseur ; ces différences d'un objet à l'autre
constituent des nuances, sans toutefois en altérer le type,
ni le cachet particulier.

La réunion de ces faits porte à penser, que les gaulois de
l'époque marnienne n'aimaient pas apparier leurs parures ;
rarement nous rencontrons un sujet portant deux bracelets
identiques.

On le rencontre depuis le simple anneau, soit ouvert,
soit fermé que nous pourrions appeler un fil de bronze,
jusqu'à la tige 0 006^m d'épaisseur et même plus. Du reste,
nous n'entrerons pas dans le détail de ces genres si différents que l'on connaît, et qui ne sont le plus souvent que
l'émanation de la fantaisie de l'artisan.

Les bracelets formés d'une tige rigide, soit ronde, ovale
ou demi-plate, ont été, comme les colliers à tampons, mo-
delés et coulés en barre, l'ornementation retouchée au
burin, puis contournés pour le bras après la trempe.

La forme elliptique plus ou moins prononcée est la plus
fréquente, probablement pour faciliter le passage de la
main, ou pour qu'il se tienne mieux au bras qui a cette
forme.

Quelquefois le sujet portant des armes avait aussi un ou
deux bracelets au poignet, d'autres fois un au-dessus du

coude ; nous appelons ce dernier brassart : ces sépultures font exception.

FIBULES.

Ces objets d'utilité et en même temps de parure, que nous appelons fibules, sont également nombreux dans nos sépultures gauloises ; des sujets en ont souvent trois, dont deux sont accouplées par une chainette.

Ces fibules ou épingles qui servaient à maintenir le vêtement sont placées sur la poitrine du défunt, quelquefois une à la ceinture, elles sont très élégantes de forme, très variées de dimension, d'ornementation et de torsion et, comme les bracelets, rarement appariées.

Ces fibules sont généralement modelées et coulées en barre, une tige de 0. 25 cent. de longueur est nécessaire pour produire une fibule de moyenne dimension.

Il existe plusieurs variétés de fibules, nous ne pensons pas devoir les passer en revue, nous nous attachons seulement aux fibules dites à arc, à cause de la partie surélevée en forme d'arc. Dans cette variété, une extrémité est redressée presque toujours en col de cygne qui s'incline sur l'arc, la partie opposée subit plusieurs tours de torsion qui forment ressort à l'épingle qui fait suite à ce ressort et qui descend se fermer dans une encoche réservée au col de cygne.

Parfois aussi la tête de cygne est remplacée par une capsule contenant un chaton de corail ou de toute autre substance fixée par sertissage ou un rivet de métal.

Il y a quelque temps, un garde-chasse, en piochant un terrier de lapin, découvrit une sépulture gauloise : entre autres objets, il avait sorti une magnifique fibule en bronze. Une fois rentré chez lui, il prend de la toile d'émeri pour la nettoyer et enlever, disait-il, le vert-de-gris ; nous l'ayant montré pour nous faire admirer son nettoyage, duquel nous ne l'avons pas félicité, nous avons pu constater que ce qui restait de patine était vert-bleu et le métal presque rouge.

Cette teinte de métal nous avait laissé un peu sceptique, nous avons pensé au martelage ; mais son genre de fabrication ne nous a pas laissé de doutes : elle a été coulée.

CHAINE EN BRONZE DITE BÉLIÈRE.

Nous quittons les objets de parure pour arriver à la chaine de bronze dite bélière, qui servait à suspendre l'épée du guerrier.

Cette bélière qui était un objet d'utilité et de luxe, devait être en même temps un signe d'autorité ; ce qui nous le laisse supposer, c'est que l'on en trouve rarement deux dans le même cimetière.

Son genre de fabrication est le plus beau travail et le plus régulier que nous connaissions de cette époque ; il ne laisse aucun doute sur la courte torsion que l'on pouvait donner au métal : aussi, croyons-nous que les plus incrédules seront forcés de se rendre à l'évidence.

Nous possédons dans notre collection une de ces bélières ; c'est en la tournant et retournant avant de rédiger cette lecture, que nous avons constaté son procédé de fabrication, l'oxyde qui avait pour ainsi dire soudé les maillons, nous l'avait caché, et nous avouerons volontiers que nous avons mis beaucoup de temps à le reconnaître.

Cette chaine à maillons doubles donne 0.047ᵉ de longueur, elle diminue graduellement de grosseur de tige et de longueur de maillons d'une extrémité à l'autre.

Les modèles qui ont servi à produire ces maillons étaient des tiges de différentes grosseurs, coupées de longueurs voulues, puis contournées en anneaux ovales auxquels on a donné un tour de torsion, en réservant un anneau de chaque côté, dont l'un était ouvert : une fois coulés et trempés il ne restait plus qu'à les réunir.

Une extrémité de l'un de ces anneaux qui est ouvert, est

engagé dans un des anneaux fermé d'un autre maillon, ensuite les deux branches de cet anneau qui est ouvert, sont rapprochées bout-à-bout.

Comme nous le disons plus haut, cette grosseur de tige et cette courte torsion, viennent à l'appui de notre thèse et donne une haute idée de l'habileté de l'artisan qui l'a produit.

RASOIRS.

Nous avons signalé les principaux objets en bronze que contiennent les sépultures gauloises de notre région ; il en resterait encore beaucoup d'autres à énumérer ; nous ne nous y attarderons pas, attendu que le procédé de fabrication est à peu près le même.

Il existe aussi dans quelques musées et collections particulières des objets en bronze appelés rasoirs ; nous n'avons jamais été assez heureux pour en sortir ; si nous en parlons, c'est pour donner notre opinion sur le métal, et sans aucune prétention d'ailleurs.

Nous ne croyons pas qu'il soit possible de donner l'appétit tranchant à une feuille de bronze pour se raser, n'importe avec quelle combinaison d'alliage ; nous serons plus affirmatif dans notre opinion, en disant : pour couper, oui, pour se raser, non Mais avec cette réserve, que les habitants de cette époque lointaine, avaient peut-être l'épiderme moins sensible que nous l'avons actuellement.

*
* *

Maintenant que nous avons cherché à expliquer que le bronze à l'époque gauloise pouvait se tordre sans se casser, disons ce que nous savons sur l'alliage qui compose ce métal.

Certains colliers, bracelets, fibules et autres objets, ont une teinte blanchâtre, jaune ou se rapprochant du cuivre rouge.

A quoi attribuer cette différence ? Naturellement à la proportion de cuivre et d'étain qui les composaient.

On constate ordinairement cette différence par l'oxyde que nous appelons patine.

L'objet en bronze contenant plus d'étain, donne une patine vert pâle, l'objet en bronze en contenant moins, donne une patine vert-bleu.

Pour expliquer cette différence de teinte correspondant à des proportions diverses de métaux dans l'alliage, nous pencherions pour cette hypothèse : c'est qu'il arrive parfois que dans le bronze fondu, le jet supérieur renferme plus d'étain, tandis que le jet inférieur en contient moins.

*
* *

Voilà, Messieurs, les considérations que j'ai cru pouvoir vous soumettre ; puissé-je avoir contribué pour ma faible part, à éclairer ces questions si souvent discutées.

Cette habitude de chercher, de fouiller et d'observer, est presque une manie et, comme les armes et les parures de nos ancêtres les gaulois, elle nous suit, pour ainsi dire, jusque dans la tombe ; mais cette manie nous aide à passer agréablement notre temps ; elle nous permet aussi d'observer bien des faits ; ce sont ces faits, ces remarques que nous, humbles fouilleurs, nous présentons aux savants afin qu'en les synthétisant ils puissent enfin faire jaillir la lumière.

Châlons. — Imp. Martin frères